JN438418

고래가 왔다

시와사상 서정시선 2

고래가 왔다

감정말 시집

시와사상사

시인의 말

비온 뒤
젖은 낙엽이 발목을 감싼다

갇힌 발목을 바라보며
뭔가를 써야겠다는 절박감으로 백지 앞에 선다

한 발 다가가면
한 발 물러서는 시라는 미로

확신 없는 두려움이 따르지만
내가 품고 있는 걸음을 따라
천천히 발을 내딛어 본다

서두르지 않고 가다보면
언젠가는 시에게 당도 할 것이다

2021년 3월
감 정 말

차 례

제 2 부

차 례

제 3 부

제 4 부

제1부

섬

점치는 여자가 내 손금에
섬이 보인다고 말한다

찰랑거리는 물소리에
잠에서 깼다

여러 겹의 물살을 목에 두른 채
섬 하나
빈방에 와 누워있다

손톱에 돋아나는
슬픔 같은 건 믿을 수 없지만
어쩌면 견딜 수는 있을 것 같다고 중얼거리자

섬은 희미하게 출렁거린다

솟아나는 마음과 가라앉는 마음을 헤아리며

점치는 여자의 혓바닥이
내 손바닥 위를 건너가고 있다

폐점

반쯤 닫힌 셔터에
표정 없는 사유들이 갇혀있다
부러진 골목에는
어수선한 눈발이 쿨럭이고

전신주에 턱을 괸 은행나무
물끄러미 가게 안을 들여다본다

시나브로 철문의
명치끝을 흔드는 눈바람

화해하지 못한
지난날을 기웃거리며
가로등에 기댄 기억들을 만진다

멈칫거리다 퍼붓는 눈송이
이루지 못한 꿈들이
제 발등을 찍을 때

셔터의 언 겨드랑이에

소복이 쌓인 욕망이 젖어든다

진눈깨비 상념이
자물쇠 시린 입술에 잠겨드는 밤

절벽 같은 시간이 하나씩
떨어져 숨어든다

위기의 도시

– 코로나19

총성이 울려 퍼지자
화려한 불빛을 먹고 자란 도시가 비틀거린다

긴장한 아나운서의 현장 중계 틈으로
취기의 사내들이 쓰러진다

구급차의 요란한 소리가
아스팔트 위로 미끄러지고
불안한 사람들의 비명이 가파르다

뿌리를 흔드는 문명사적 전쟁
밀집한 곳의 사람들을 한방에 날려버리는
총탄을 장전하고 있다

끝나지 않은 선전포고
사람들의 얼굴을 밟고 지나가는 검은 발자국

열대성 저기압의 기류가 흐르고
국지성 호우처럼 지역적 비보가 쏟아져 내린다

북반구와 남반구
폐혈관의 긴 숲속 터널에서
지구의 영혼들이 소용돌이친다

편의점 24시

1
막차가 떠난 정류장
텅 빈 거리에 공허한 어둠이 잦아든다

골목 어귀 24시 편의점
테이블 의자에 앉아 사내가 어둠을 바라보고 있다

그에게만 비가 내렸는지
가끔씩 지나가는 자동차 불빛에 그의 어깨가 젖어있다
언제부터 마셨을까
남자의 발밑에 찌그러진 일회용 캔들이
횡설수설하는 사이
계산대에 주인아저씨
졸음에 시달려 동공을 치켜뜬다

2
막막한 어둠이 쌓여있는 거리
화려한 불빛의 간판들

24시간 불이 꺼지지 않는

사람들의 편의를 위한 편의점
무수한 행인들의 눈총에 시달린 상품들이
널브러져 있다

아르바이트 여학생의 손길이 다듬어 놓은 상품 진열대
가지런한 물건들이
옆 건물 요양병원 할머니의 눈빛처럼 다소곳하다

3
곤한 밤이 지나가는 새벽
편의점으로 누군가 급히 뛰어든다
겁에 질린 아가씨
두려움의 파장으로 머리칼에서 살얼음이 떨어진다
놀란 중년 여자 주인이 그녀를 다독인다

낯선 감정들이 모여드는 24시의 밤

환승역

삶이 구차한 하루

도시에 쌓인 아픔은
카멜레온의 파편으로 떠돌고
모든 진실한 이들의
입 가장자리는
고단함에 깨물리어 숨이 차다

하루를 끝낸

사람들의 시린 눈빛이
차창에 잠겨있다
가끔씩 스치는 표정들이 끼어든다

둔탁한 굉음 사이로

숭숭 뚫린 가슴들이 기울어진다
하루가 충혈된 사람들
모서리에 부딪히는 고단함을 깜박인다

다음 역을 알리는 부호 음이 해체되고

틈을 비집고 탑승한 낯선 얼굴들이
레일 위에서 덜컹거린다

호우주의보

어둠을 달리는 차창 밖으로 숨죽여 오는 얼굴들
갈피를 잡지 못하는 빗줄기가 지난날을 더듬는다
밤새 미끄러지는 길 위에
설움 한 줌씩 꺼내드는 빗방울

빛바랜 벽지에 스며든 가난을
지루해하던 언니는
눅눅한 삶의 꼬리를 잘라 빗속을 떠났다

잔등에 옹이가 박힌 어머니는
그 해 늙은 호박의 밑 둥을 잘라내었고
나방이 불빛 속으로 잠적하듯
막내는 붉은 잠자리 떼 쫓아
칭얼거리듯 도시로 실려갔다

풀잎의 가느다란 목덜미가 비에 젖는다
반듯하게 눕지 못하는 상념에 잠기어
가라앉듯 무거워져 지나온 역들을 내다버린다

창문에 서글프게 어른거리는 입김사이로

멀리 발길이 닿지 않는 정류장을 바라본다

등이 흰 고양이가 모퉁이를 돌아 나간다
길이 한없이 멀어지고
실눈을 뜬 나는 자꾸만 깊숙해져
내 안에서 우는 얼굴들을 삼킨다

종일 진동하는 빗방울
무수히 갇힌 빗속으로
허기진 눈망울들이 휩쓸려 간다
내 발목을 두드리는 빗줄기가 되어

벼랑 위의 생애

낯선 절벽 위
피어난 가녀린 꽃

넓디넓은 세상 마다하고
벼랑 끝자락에 서성이는 애처로운 몸짓

때로는 북풍 맞으며 구석구석 자라난
슬픔들을 가누지 못해

밤이면 가파르게 뛰어내리는 꿈

평생을 파랗게 질린 웃음
허공에다 감추고

푸르디푸른 하늘도
결 고운 물결도 짐짓 외면한 채

홀로이 선 그림자
설핏 서러워질 때면

마냥 허리 젖혀 휘어지는
여린 웃음

그 웃음이
아무리 부질없고 부질없어

설령 세상사
곤두박질치는 허허로운 웃음일지라도

나는 그 웃음의 생애를
보듬고 싶다

입술들

불확실한 시대의 연인들
그들의 사랑법이 벽보처럼 너덜거린다

카페의 자리마다
나란히 앉은 남과 여
밤하늘을 배회하는 입술들이
의자 위에서 뒹군다

그들의 자취는 사라지고
무수한 입술들이 떨어져 있다

식어버린 것들
다시는 찾아가지 않는 입술들만이
바닥에 널려 있다

언제나 오늘로 들썩이는
카페의 연인들

떨어뜨린 것은
까맣게 잊어버리는 그들

카페는 그저 카페일 뿐

무심한 입술들이
날마다 떨어져 내리는 카페

너절한 벽보 사이로
그들의 사랑법이 흔들린다

역전 장터

장꾼들이 늘어선 역전 장날
잡동사니 펼쳐놓은 노인,
부채질하다 할일 없이 졸고 있다

약초 장수 사내 덩달아 고개를 늘어뜨리는 사이
'뻥이요' 요란스럽게 터지는 뻥튀기 소리에
저승길 같은 잠이 떠밀려 간다

만물상점
없는 것 빼고 다 있는 만 가지 물건의 좌판
히피 차림의 남자가 긴 머리 펄럭이며
Lp 판에 음악을 싣는다

한쪽에 비켜선 화원으로 퍼져 나가는 향기
파슬리, 세이지, 로즈메리, 다임이 햇살 아래서
흥얼거리는 스카브로의 추억

사라져 오지 않을 날들을 헤아리며
십 대의 시절을 적시던 노래가 장터에 스며든다

삼복더위 닭장 앞에 북적거리는 사람들
뜨거움이 뿜어져 나오는 수증기 속으로
닭큐멘타리가 시작되고
겁 없이 목청을 뽑는 장 닭의 울음소리
숨넘어가는 듯 홰를 친다

길옆 한 모퉁이
달구어진 맨드라미 벼슬 위로
암탉의 붉은 비명이 쏟아져 내린다

화원에서는 파슬리, 세이지, 로즈메리, 다임을
부르는 스카브로 추억의
아련한 곡조가 흘러나오는 역전 장터

아무도 오지 않는 계단

저물어 가는 저녁
솜털까지 일어서는 한기를 느끼며 길을 찾는다

낡은 건물들 사이로 담쟁이넝쿨이 힘겹게 오르고
있는 그 곳,
계단 위로 쓸쓸함이 층층이 누워있다

굽은 골목을 따라 어둠이 휘어져 내린다
바람 부는 길 끝에서 제단처럼 우뚝 서있는 계단,
난민처럼 모여든 사람들이
하루의 노동을 마치고 오르는 길이다

시끄럽게 놀던 공터에
저녁이면 하나씩 호명되어 갔던 아이들이
사라져갔다
어둠 속에서 들려오던 취한 목소리들과
함경도 사투리의 욕지거리가 비틀거리던 거리

고향이 이북인 아버지를 둔 친구와 오갔던 골목이 내
손을 잡는다

조그마한 음식 앞에서도 간절한 기도를 올리던
그 애 아버지
우리는 우정과 기도를 배우며 그렇게 붙어 다녔다
하루에도 몇 번씩 오르내리던 길,
소나무 정원과 동화책들이 쌓여있는 방에서
서로가 닮은 꿈을 꾸듯 웃었다

고향을 멀리 둔 사람들이 언젠가 닿고 싶어 하던 곳,
떠나간 사람들의 계단이
절벽처럼 부스스 떨어져 내린다

어디선가 아이들의 소리가 흩어지고
골목을 달아나는 발자국 소리

지난 것들이 머무는 곳에서
솟구쳐 오르는 감정을 꾸욱 누른다

봄비는 내리는데

사람들이 뜸한 저녁
슬레이트 지붕 위로 벚꽃이 낮처럼 눈부시다

밤이 환하게 밀려오고
나뭇가지에 올라앉은 꽃비가 날아든다

푸성귀를 다듬다 설핏 잠이 든 할머니
휘어진 허리로 절뚝이며 건너온 시간이 감긴다

일찍 남편 잃고
내리 두 아들 보낸 할머니
하나 남은 피붙이 위해
아궁이 지피던 손등

한평생 지닌 손맛
간판 없어도 알고 찾아오는 이에게
막걸리 빚어 철 따라 도토리, 메밀묵 쑤어 건네던
바스러진 손이 뭉툭하다

바람 든 뼈마디가 시큰거려

잠이 깬 컴컴한 새벽
마른 삭정이 같은 기침이
저세상으로 반쯤 기울어져 있다

인기척 내는 바람 소리에
삭은 몸 일으켜 불 지피는 할머니
등허리가 공 벌레처럼 둥글다

누군가 삐딱하게 써놓고 간

–손님 구함–

앉은뱅이 간판 위로
봄을 상실한 비가 추적거린다

머리 볶는 날

오 일 장터 미장원
먼 길 찾아온 할머니들 머리 볶는 날

비닐 모자 덮어쓴 수다 패
화투짝으로 뒤집어진다

아들딸 손주 자랑에
요리조리 굴리어진 동전마다
주름살이 팽그르르 돈다

홍 청단 물든 소리에 할머니들 웃음이
햇볕에서 뽀글거린다

진작부터 화투 패에 떨어져
홀로 앉은 내동 골 할머니
심드렁히 말이 없다

바람기 몰고 다니는 영감쟁이
적반하장의 잔소리에
마음 엉켜드는 할머니

동행한 친구
공연히 눈치 보듯
할머니 마음에서 비켜 앉는다

머리보다 할머니의 마음이 더 볶이는 날

로맹가리에게 부치는 편지

로맹가리 씨
노을빛이 조금씩 스며드는 저녁입니다

나는 바다처럼 커다란 슬픔을 생각합니다
파도 소리가 자꾸만 밀려와
오늘은 온몸으로 바다를 밀었어요

날마다 발목이 아픈 새들이 모래 위에 떨어집니다

이 곳 페루의 바닷가
세상의 끝자락으로 새들이 날아들고
날개 속 유적지에는 침묵이 가득합니다

파도 소리에 눈뜨는 당신은
모래언덕에서 수많은 새의 주검을 예감하겠지요

고독의 방향으로 구부러진 사내
바다 위로 둥둥 떠다니는 깃털을 동굴 속에 감추었어요

로맹가리 씨

당신을 지켜보았어요
파도에 휩쓸리고 있는 여인을 기억하시나요
모래 바닥에 패인 상처들

오랫동안 가시처럼 박혀들고 있었어요

석양이 시처럼 흘러가네요

슬픔이 출렁이는 페루의 바닷가에서
당신의 숨소리를 느낍니다

적막한 날입니다

고래가 왔다

성벽에 올라 낯선 아드리아해의 찬바람을 만진다
절벽 아래로 내비치는 일몰
붉게 젖어드는 수평선을 바라보며
한동안 숨을 쉴 수가 없었다

중세와 현대가 어우러진 도시
고성이 쌓아 올린 시간들이 천천히 떨어져 내리고
성 밖의 주홍빛 지붕은 이방인을 향해
예측불허의 표정을 머금고 있었다

겨울은 혹독했다
며칠째 흐르지 않는 시간
이곳은 그 시간들을 버티고 있었다

이른 나이에 생을 마감한 친구
그녀가 그토록 그리워했던 아드리안 해의 바다
그녀는 여기서 무엇을 보길 원했을까
아득한 날들을 지켜온 성의 고즈넉한 슬픔을
일찍 깨달은 감수성
삶을 부려 놓은 그녀의 글들

그 문장들을 접어 성벽에서 바다로
까마득하게 날려 보냈다

지중해의 바람이 물결을 흔든다
점차 깨어난 파도가 그녀를 낚아챈다
거세게 포물선을 그리는 푸른 등지느러미
순식간 바다 밑으로 사라지는 고래 떼

해안선을 따라 넓게 띠를 두르는 파도
바다를 몰아 성을 지키고 있는 듯한 그녀가 넘실거린다
종탑에 서서 나는 잠시 혼란에 빠진다
전생에 그녀는 누구였을까
성을 지킨 성주. 아니면 대대로 항구를 지켜온
무역상의 딸

바람소리 심한 날
택배로 부쳐온 아드리안의 바다
물살을 유유히 가르는 푸른 등지느러미
고래가 왔다

거울놀이

잃어버린 이상理想을 그리다가
거울 속에 웅크린
이상李箱을 스케치한다

독백의 그림자를 끌어안은
사내는 여전히 흔들린다
탐욕스러운 빛의 어둠을 갉은 채
거울 속 박제된 웃음이
날카로운 침묵을 떨어뜨린다

슬픈 아이들이 풀밭을 달려간다
어지러운 철조망의 낙서가
붉은 절규로 하늘을 기웃거린다

막다른 골목에 걸터앉은
형이상학의 암호들
짓눌린 부호 음으로
허공을 난타한다

방랑자의 얼굴에 번지는

쓸쓸한 미소와
비틀어진 어깨가
멈추지 않는 기침 속으로 매몰된다

매달리는 저녁

어둠이 쌓인 모퉁이
웅크린 잎들이 신음을 낸다

새어 나온 울음이
가파른 모퉁이를 기어오른다
여자를 넘쳐난 눈물이 바닥을 적신다

슬픔을 누르는 긴 시간
여자는 얼굴에 걸린 눈물을 더듬는다

어둠에 매달린 흐느낌이
천천히 가라앉고
외등에 몸을 의지한 여자
지옥 같은 날들을 차곡이 접는다

기웃거리는 바람 속으로
흉터 많은 날들이 끌려가고
발자국 소리만 남아있는 골목

생각이 골똘히 잠겨있는

구석진 자리

누군가의 눈물을 만지는 그 곳

빛과 그림자

저녁을 켠다
뉴스가 지나간 TV 화면은 한국어를 전혀 모르는
그녀를 자막으로 처리한다

이식된 나무처럼 낯선 땅에서 자란 아이
가족을 찾는 방송 프로에 몇 장의 사진으로
시간들을 풀어 헤친다

고등학교를 갓 졸업한, 멀리에서 견뎌온 울음이
저 혼자 흔들린다
밤새 심장을 쿵쾅 거리던 목소리의 환청을
두 손으로 가다듬고 있다

몇 분 남지 않은 숨 막히는 침묵
입술에 둘러붙은 마른 공기가 바스러져 내리고
끝내 나타나지 않은 모정을 애써 이해하려는
그녀의 눈시울이 방향을 잃는다

다음 차례를 알리는 아나운서 멘트에 머뭇거리듯
서툰 억양으로

'엄마 보고 싶어요'
어눌하게 더듬거리는 그 여운이 허기처럼 들러붙는다

무대 뒤로 사라져간 독백이 어둠을 찢는 저녁
낯선 바람이 아이를 밀고 간다

잠시 숨을 고르는 사이
어디선가 깨어난 갓난아기의 아득한 울음이
내 혈관을 떠돈다

임파선이 팽팽하게 곤두선다
거세게 몰아치는 피돌기에 나는 그만 가슴에서
초유를 울컥 쏟아낸다

먼 길을 가고 있을
떠돌이별 소녀
그녀의 입에서 여린 쑥갓 향기가 난다

제2부

空

여름 소낙비 그치고
꿈틀거리던 생이 걸음을 멈춘다

낮은 포복으로
숨 고르듯 길을 내는 지렁이

쏟아지는 불볕에
쉴 곳 없는 목마름이 조여온다

가끔씩 의식을 놓지 않으려
뒤집힌 몸이 버둥거린다

한평생 땅속에 묻어둔 화두
써 내려가는 몸부림이 환하다

지친 듯 혼곤하게
웅크린 육신

보푸라기 같은 생을 털어낸다

장마전선

장마가 몰고 오는 이상기후는
온종일 사선으로 비를 뿌려댄다
세찬 빗줄기가 도시를
오리무중으로 끌고 간다

못다 한 신명 풀 듯
하늘길 땅길
광풍으로 두드리는 비
폭풍 속 뇌성과 벽력이 지축을 흔든다
이런 참변에도 아침 뉴스는
정치인의 위선적 행동을
속보로 다툰다

세계의 주목은 형이하학으로의
화두로 날로 위대해지고
위정자는 부조리 환상을 건배할 때
우리의 자화상은 분열로 피 흘린다

하늘은 굉음을 드러내고
뉴스는 하루 종일

동북 기류와 서남 기류의 충돌을
자신들의 잣대로 부풀린다
악다구니하듯 달려드는 폭우 속으로
가로수 잎들이 우르르
동과 서의 경계를 문지른다

장마전선 밑으로
엉킨 소리들이 탁류 속으로 휩쓸려 간다

입술이 놓여있는 골목

연기가 골목에서 맴돈다

담배를 깊숙이 빨아들인 여자는
담뱃재처럼 사위어 간 날들을 중얼거린다

바람이 세찬 길목에서
보헤미안풍으로 떠나간 남자

그가 뱉어놓은 말들이
창가에 매달린 젖은 빨래처럼 울먹인다

서로의 입김이 닿은 언저리가
차갑게 녹아내리는 골목

여미지 못한 입술을 오므리며
출렁거리던 시간을 불러 모은다

한 모금 연기로 아파지는 저녁

모자이크 처리된 화면처럼

흐려진 여자의 표정을 핥는 고양이

꼬리를 세워
긴 벽화에 묻어있는 지문들을 할퀸다

세기말의 입술들이 뒹구는 골목

연잎 향을 읽다

호소력 짙은 재즈가
식은 커피잔에서 출렁인다

혼자 남은 사무실
일에서 빠져나오지 못한 여자는
기침과 함께 지끈거리는 두통에 떨고 있다

벽에 걸린 제 그림자를 응시할 때
누군가 불쑥 내밀었던 차

연잎 향의 훈훈함이
매달리는 생각들을 떨구어 낸다

전쟁 같은 일터에서
허기를 채우는 사람들
출처 없는 소문에 휩쓸리기도 해
이곳에서의 언어들은 새겨지기도 지워지기도 한다

서로에게 까치발 세우듯
생존본능의 입들이 술렁이는 날

서열의 희비가 엇갈린다

환호하는 사람들과 함께
그의 흔들리지 않는 미소가 다가온다

기꺼이 손을 내민다

따스함이 전해지는 기억
이것은 동료애일까 우정일까

빌리 홀리데이의 애절한 재즈가
마음을 짓누르는 저녁

그녀는 어긋난 것들의 무늬를 퍼즐로 맞추어 본다

여자의 차가운 방

자신을 둘러싼 적막

온갖 생물들이 내지르는 소리에
여자는 방문을 걸어 잠근다

글을 위한 혼자된 시간을 마주한다

칩거의 막막함에서
모호한 고독을 들이킨다

흔들리지 않는 고독
그것은 침범할 수 없는 자문이다

치명적인 매력에 혼자 갇힌 의혹
누구와도 나눌 수 없는 순결이다

가끔 두려움에 길을 잃지만
더 잃을 게 없어 글 속을 파고드는 여자

생나무 가지 꺾이는 소리에서

미물이 죽어가는 순간을 듣는다

모든 생명이 있는 곳에
문장이 깃들어지는 그윽한 밤을 끌고 간다

아주 깊은 밤
아무것도 차려입지 않은 글들이

혈관에 녹아있는 문장 속에서 꿈틀거린다

아프리카 미술관

끝없는 모래바람 속으로 누군가 걸어온다

검게 빛나는 여자
젖가슴을 드러낸 채 허리에 두 손을 얹은
자태에서 강렬함이 뿜어져 나온다
홀린 듯 바라보다 화려한 장신구의 주술로 빠져든다

모래 폭풍이 휘몰아치는 가파른 언덕과 사구가
한없이 펼쳐지는 사막
생명체라곤 존재할 수 없는 그곳,

사하라

카라반의 꿈일까 사막의 영혼일까
달그림자 높은 사이로 쌍봉을 세운 낙타,

모래무지에 묻혀있는 판도라에 깃털을 감춘다

맹그로브 숲 대상들의 신비한 이야기가 귓전을
다독인다

베일을 쓴 우아한 사하라 여자들이
침입자에 의해 끌려간 낯선 땅
고향을 그리워하다 나무에 깊이 새긴 그들의 한을
묻어둔다

구로족 여성의 정교한 표정과
바울레족의 자유분방한 가면의 극치
정령이 깃든 조각품이 생명처럼 살아나고
족장의 기하학적 무늬에 혈통이 새겨져 있다
시대에 걸친 조각들이 드라마틱하다

유발 하라리가 일러 준다
인류의 조상은 아프리카에서 퍼져나간 호모 사피엔스

신라부터 고대 이집트의 선조들과
여전히 동일한 몸과 마음을 지녔다고

그 외로운 날의 일기

집 앞을 돌아 나올 때
아침마다 준비된 각오로 길을 나서지만
언제나 놓친 길뿐

무기력한 길목에서 방향을 잃은 채
서늘하게 길이 끝나는 자리의 두려움
내가 나인 것이 두려워지는 즈음

마냥 걸어온 길에서
문득 내다보이는 절벽과 그 아래 패배를
몰아치는 파도가 엉켜드는 바닷가
일몰이 모여드는 수평선을 바라보며
나는 그때 다친 짐승처럼 울음을 뱉어 놓았다

기울어져 가는 어둠 속에서
잃어 버린 길들을 써 내려간 날들

거친 물결을 헤쳐 나온 갈매기가 날개를 접는다
접혀진 길에서
갈매기는 그 무게만큼의 고통이 있고

새의 주둥이에 물린 작은 물고기는
물고기의 슬픔이 있다는 것을

문득 젖지 않는 파도를 헤아리며
나를 밟고 일어선 날들의 기억을 떠 올린다
점점이 박힌 밤하늘의 잔별 속에서
나는 나를 위해 얼마나 많은 나를 몰아쳤든가

끝이 보이지 않았던 삭막한 날들
아파야 청춘이라고 말하지만
황량하리만치 지친 날들로 돌아가고 싶지 않다

누군가 절실히 노래한
너무 아픈 사랑은 사랑이 아닌 것처럼

2월

우수 무렵의 강물은 숨이 차다

서둘러 떠나는 겨울이 뒤를 보채듯

얼음장 아래 추위가 깍지를 푼다

봄빛을 금쪽으로 아끼시던 구순 할머니

이승과 저승으로 앓는 몸살을 눕혀놓고

후르르 냉잇국 끓어오르는 빗소리에

입속을 오물거린다

할머니의 견뎌낸 시간들을 좇아

허리춤에 감춰둔 스물여덟의 칠언절구

세월의 끝자락에서 하얗게 돌아눕는다

바람의 흉터를 끌어 않고

못다 한 붉은 눈시울의 두 소절

삼월에게 기어코 이월移越하는 이월二月

을숙도의 안거

처음과 끝
그 알 수 없는 정적을 휘감은 물가에
붙박힌 듯 서 있는 철새
고요가 켜켜이 탑처럼 쌓인다

흔들리지 않은 침잠은
하안거에 깊숙이 들어간 면벽참선
한 쪽 발 들어 먼 곳을 응시한다
한 치의 미동 없는
가녀린 목 위로
허기진 외로움이 얹혀있다

머리 숙여 경건히
절 올리고픈 해 질 녘
숨소리 낮춘 바람이
묵언하는 새의 등을 후려친다
구부정한 날개를 펴든 죽지가
삭은 상처 하나를 더듬어 헤아린다

처음을 알 수 없는
아득한 끝을 내려다본다

간밤에 꽃의 뿌리가 흔들리는 꿈을 꾸었다

안개가 젖은 도시를 끌고 간다

모래바람에 하염없이 걸어가는 위구르인,
그녀의 눈물처럼 사막에서 피어 난 꽃
누구도 보지 않아 외로움이 모래 속을 파고든다

어느 쪽으로 누워도 이해할 수 없는 꿈을
지도에서 펼친다
유럽의 황홀한 공기와 거리들
나는 돌아오지 않을 것 같은 바퀴를 끌어당긴다

어둠과 빛이 공존하는 시간
활주로에 서서히 몰려오는 새벽빛의 풍경을 바라본다
하늘에 긴 줄을 그으며 날아가는 비행선
디아스포라의 두려움을 트렁크에 구겨 넣은 채
지구 한쪽을 응시한다

모니터에는 어느 왕조의 도시가 펼쳐지고
폐허가 된 성 앞에서 현란하게 춤을 추는 집시들,
그들의 짙은 눈동자 속 공허함이

마른 건초 향기로 타올라 주술처럼 매달린다

전광판에서 호출된 도시들이
수수께끼처럼 하나씩 끌려 나간 뒤,
신문의 테러리스트와 함께 나는 비행기를 향한다

지구 반대편을 서성이다 돌아온 날
새로운 여행지에 들뜬 무리가
손바닥에 이정표를 펼친다

공항을 빠져나오며
나는 모래시계를 뒤집는다

간밤의 외로운 뿌리가 사막에 붉게 젖어있다

가을 사랑론

가랑잎 구르는 소리가 아픈 날

박제된 시간을 뚫고
벗어나려 하지만

한 줌의 고통만 따를 뿐
어디 있어도 외롭긴 마찬가지

궁색한 존재를 견딜 수 없어
사랑에 빠져 보고 싶은 날

어설픈 사랑을
사랑이라 부를 수 있을는지

눈길만 스쳐도
사랑이라는 건 투정일 따름

잠깐 시린 발을 녹였다고
찬란한 사랑이 될 수 있을까

가랑잎만
무수히 떨어지는 가을

비, 토마토

가는 비가 내린다

반짝 햇볕 뒤로
몇 겹의 검은 구름이 몰려오고

어둠 속 굉음이 울린다

번쩍이는 섬광

또다시 쏟아지는 폭우

며칠째 달라붙는 장마에
어디선가 새어 나오는 냄새가 진지하다

베란다 한 귀퉁이
종이 상자 밖으로 뻗어 나오는 울음소리

두려움 섞인 뚜껑을 열자
붉은 눈망울들의 원성이 젖어있다

물컹하게 몸을 지우는 토마토

내 입속 비명을 응시하며
야성을 잃어가는 표정이 매달린다

몸이 흘러내리기 전
안데스 골짜기에 피어난 붉은 꿈길

노란 꽃잎 피우던
풋내가 그리워

빗속에 갇힌 숨이 차 오른다

긴 가로등의 소네트

아무도 읽지 않은
저녁의 온기 속으로
도달하지 않은 시간들이 쌓인다

새는 부리의 변명을
나뭇가지에 주워 올리고
벌거벗은 저녁은
별들의 발가락 사이로 스러진다

지난날 떠나간 사람,
마음의 부스러기를 만지며
한없이 웅크린 적이 있었다

보헤미안과 죽은 시인의 경계에서
목을 꺾은 어둠이
샤갈의 마을에 허물어진다

닭 울기 전 배반한 베드로
그의 구부정한 수염과
이해되지 않은 동공이

변명의 무게를 밀쳐낸다

젖은 머리를
쓰다듬는 불빛이
강물을 매단 채 떠내려간다

소리 없이 사라지는
실루엣은 황홀하다

그림자

내 뒤를 살그머니 밟는 검은 그림자

누구시죠?

돌아보는 내 시선에 당황스러워하며
급히 돌아서서 가는 당신

누구세요?

쫓아오는 당신을 피하려다
엉뚱한 길로 내몰리게 하는

당신은 도대체 누구?

암울한 그 눈초리는
얼른 치워 주세요

어지간히 떨고 있는 어깨도
제발 거두어 주시고

마침내
마주친 당신의 얼굴

그건 말이죠

오랫동안 길들여진
내 얼굴이었어요

계곡 위의 은일지사隱逸之士

– 벼랑에 거꾸로 핀 난초

허공에 올려놓은 침묵으로
주저앉은 바람의 자리를 더듬는다

손끝으로 써 내려간 울분의 절필
검게 그을린 탄식이
하얀 분노로 떨어져 내린다

내딛지 못한 염원이
칩거로 살아온 벼랑 끝에서
목젖 비집고 나온 별들을 게워낸다

평생을 거꾸로 드리워진 고단한 꿈
하루에도 몇 번씩
뛰어내리고 싶은 마음

어금니 꽉 깨문 문장 속으로
바람이 멈춰 선다

설움 같은 향들이 울컥 쏟아져
깊은 골짝을 깨운다

아스라한 절벽에
흩어지는 어느 왕조의 울음

가을 달무리

기울어진 지붕 아래
어둠이 저 혼자 숨어든다
사립문 쪽 귀 기울이며
홀로 제상을 차리는 노인

초저녁부터
데리고 온 빛들을 모아
별빛 국에 수저 올려놓고
달빛 잔에 제주를 따른다

의관을 갈아입고
두 손 얹어 절 올릴 적
해마다 찾아오는 귀뚜라미의 축문
뚝 그치자
적막이 켜켜이 쌓인다

음복술에 눈시울이 붉어지는 밤
수줍은 그 음성 훤히 들리는 듯
늑골에 잠기는 회한들
독거의 시린 기침이 쿨럭인다

가슴이 드러난 밤송이
따악 울음 뱉는 늦가을
창가에 일렁이는 달무리가
밤늦도록 제기를 닦고 있다

초원의 빛

밤늦은 화면에 그녀가 있다
눈빛의 강렬함에 나는 잠시 눈을 감는다

'디니'
소녀 시절에 내가 만났던 애틋한 꽃잎
열병의 날들이 떨쳐낼 수 없는 곳으로 파고든다

'버드'
와의 첫사랑에서 갈등하는 그녀의 몸부림이
빛바랜 상처로 주저앉는다

시대의 소용돌이에서 방황하는 두 사람

돌이킬 수 없는 시간을 먼 기억 속으로 남겨둔 채
남이 된 그에게서 뒤돌아 나오는 그녀의 독백

깊은 통증이
목젖을 타고 흐른다

내 삶의 모퉁이에서

백목련처럼 하얗게 설레이다가
허망하게 무너져 내린 어느 날의 이별처럼

– 한때 그리도 찬란한 빛이었건만
이제는 속절없이 사라진, 다시는 돌아올 수 없는
초원의 빛이여 꽃의 영광이여 –

내 가슴 시리도록 녹아있는 시어들
그땐 전혀 몰랐었지
우리가 세상의 눈부신 꽃이었던 날들을

제3부

물방울 봉분

밤을 뚫고 나온 숨결이 반짝인다
새벽 풋별 소리에 몸 뒤척이는 물방울
행여 깨질세라 다문 입술을 삼킨다
동그랗게 맴도는 마음 웅크리며
혼자 견디는 울음
흩어지는 시간들을 꽉 붙들고
일렁이는 눈망울이 봉분처럼 둥글다
풀벌레 소리 자욱한 길섶에서
헤진 발을 더듬는 저녁
그렁그렁 글썽이는 생生
돌고 돌아 투명하게 걸어간다
누군가 두고 간 봉분
알몸으로 떨어져 내린다

오렌지 향기는 바람에 날리고

저녁 빛이 서서히 움츠려 드는 날
저녁밥 대신 오렌지 하나 집어 든다

미련이 남아 있는 듯 꽉 다문 껍질을 벗기자
품었던 향이 어둠 속에서 환히 부서져 내린다

여태껏 자신을 열어 보인 적 없는 오렌지는
울음 같은 신맛을 터뜨린다

참고 견딘,
내가 그리워한 향기는 어디 있는가

새들이 방향을 바꾸는 저녁이면
밤을 떠다니는 구름 속에 꼭꼭 숨는 언어들
중세를 품고 있는 독일의 도시에서
시인은 가슴이 허물어진다

불안한 잠을 잘라낸 죽음
먼 이국의 도시에서 마지막 생명을 놓아버린 시인은
오렌지 향기 따라 우주가 지나갔다고

입술을 달싹거린다

향기만이
향기만이
그게 삶이라는 듯

그녀는 지금은 어느 별빛에 닿아 있을까

죽은 시인의 울음 보다 더 진한 노을이
날개처럼 퍼덕이다 사라지는 날
기록하지 못한 문장이 휘청인다

오렌지 향기는 바람에 날리어 가고

눈썹이 아픈 여자

– 프리다 칼로

마야의 신전에서 여자가 걸어 나온다

태양이 내리쬐는 카리브 해
푸른 머플러의 기호가 흔들린다

눈썹 위의 욕망이 꿈틀거리고
저항할 수 없는 생의 주제를 화폭에 옮긴다

무의식의 절규로 표출 된 팜므파탈
비틀거리는 여자는 어두운 서클렌즈를 갈아 끼운다

초현실주의 그림
실제가 초현실적인 그녀의 삶

강렬하게 흘러내리는 물감이
남자와 여자에게 전류처럼 흐른다
서로를 물들이며 상대에게 탐닉하는 그들

그의 영혼에 사로잡힌 프리다,
남자에게서 그녀는 많은 여자 중 하나일 뿐

모래성 같은 남자
디에고로부터 받은 치명적인 상처를
온몸에 두른 여자

절망에서 꺼낸 고통을 오로지 캔버스의 자화상에서
삶을 완성시키는 그녀

해일이 밀려오고
붓을 든 남자는 벽화 속으로 잠적한다

격랑으로 솟구치는 카리브의 물결

신전의 허벅지에서
여자의 부은 발가락이 걸어 나간다

빈티지 겨울

저녁 창가를 두드린다
새의 부리에 감춘 소리를
듣지 못했던 날들

입가에 잡힌 물집을 더듬다
간절함을 울어 꽃으로 피운다면
상큼한 흙터 하나 남을까

눈부신 휘파람
작은 섬이 되고픈 날
나는 나의 의지를 배반한다

누군가의 기침소리에
잎을 떨군 나무

내 안에서 자꾸 기침을 한다
묵신 음성이 들려오지만
선뜻 다가가지 못한 채
나는 나를 닫는다

겨울 냄새가 가시지 않은
휑한 바람 속에서
두보처럼 울던 사람을 떠 올린다

쌓인 눈이 아직은 시린
먼 기억의 숲으로
그가 폭포처럼 무너져 내린다

얼굴 없는 새들이
쉬어가는 겨울 숲

텅텅 울리는 관절 사이로
얼음 어는 소리

병 속의 방랑자

밤을 허물고 바람이 분다

어둠 속에 갇힌 사내
허한 취기에 들키고 싶지 않은

울음이라도 울었는지
발밑에서 병들이 웅웅거린다

유폐된 시간들이 뒹군다

어둠에 깨물린 도시가
술병으로 기어들고

움켜쥔 분노는 무기력한
파편으로 떨어져 내린다

지친 바람에 기대선 남자
무너지는 잔을 기울인다

비워 낸 술잔 속으로

쓰린 날들이 떠밀려갈 때

핏줄마다 쌓인 한 움큼의 치욕을
허공에 토해낸다

어둠이 드러눕고
목이 잠긴 외침이 저 혼자 간다

위험한 취기가
병 속에서 허우적거린다

유리거울의 에피소드

한동안 나는 오아시스처럼
맑은 유리거울을 간직했어요
눈뜨면 정성스레 입김을 불어 닦았어요
햇살이 출렁이는 날은 가슴이 먹먹해지기도 했어요
 어느 봄날
가방 속에 넣어둔 빛이 눈부신 날이었어요
나무가 기지개 하고 있을 때
나는 내 눈을 의심했어요
너무나 당황스러워 있는 힘을 다해 닦았지만
엉겨붙은 먼지는 닦아지지 않았어요
어처구니없어
한순간 검은 보자기로 덮어 버렸어요
그리고 서랍에 숨겨버렸지요

한 번씩 그가 눈앞을 스쳐 가지만

미련 없이 삭제하기를 했어요

우울한 카페의 연극

침묵들이 깨어나면

블랙 지대의 흐릿한 불빛들이
절규로 잠시 머문다

분장실에서 뛰쳐나온 사내가
잘린 귀를 들어 올린다

빈센트 반 고흐의 불협화음이
제 얼굴을 지우며 비틀거린다

사내의 서늘한 표정이
사람들을 향해 온몸으로 침묵한다

홀로 서 있는 몸짓은
불이 꺼지는 순간 무대 뒤로 사라지고

굳게 다문 아우성으로 객석이 피어난다

무질서한 방뇨의 거리는
팽팽한 생들로 수군거린다

똑바로 서기

깊은 생각을
회피하고 싶은 날
더욱 밀고 들어오는 생각의 과잉
밤새 떠밀리는 사색들이 매달린다

잠 속에서 영글지 않은 꿈들이 떠다닌다
가깝다고 생각한 친구가 먼저 나를 떠나가고
소중하고 그리운 것들이 모두 내게서 멀어진다

턱밑까지 차오른 얼굴이 매달리고
내가 지닌 열정만큼의 무게가 짓 눌려오는 밤

밤 열두 시와 새벽 사이

내가 나를 가장 잘 알고 있다고 착각하는 순간
타인의 눈 속에서 발견되는 나

창문을 열고 슬그머니 슬픔을 누른다
건너편 불빛의 잘린 무릎이 소용돌이친다

나는 가끔 뒤척이다 혼자 깊어질 것이다

그날의 유목

누군가 등 뒤를 밟고 가는 소리
철 지난 비처럼 아파요
가슴 드러낸 잡목 사이로 종일 부는 바람
나이테에 갇힌 욕망 뒤에
떠나간 당신은 바람이었어요
곁에 있어도
언제나 바람이었지요
운명적인 사랑은 서투른 드라마일 뿐
함께 있으면 자꾸만 목이 타들어가요
그날 모래 속으로 떠난 당신은
겨울비처럼 차가웠지요
문득 매운 바람의 소리가
내 귓전을 마구 흔들었어요
나에게 묶여있는

나를 가만히 풀어 버렸어요

그리고,

조용히

유목민의 여자가 될 거예요

국수증후군

어디선가 흘러나오는 노래
흐느낌만 남는 곳에 어스름이 몰려온다
어둠을 끌고 온 바람이 낡은 간판에 기울어진다
취객처럼 불빛이 흔들리는 식당
자욱하게 퍼져 나오는 연기 속에 우려낸
멸칫국물이 밤을 켠다
저녁이 일찍 찾아오는 중앙시장
금방 뽑혀 나온 국수 가락의 함성이
빈 내장처럼 터져 나오고
사람들은 고향의 숭늉처럼 입안을 우물거린다
차가운 바람이 진흙뻘 낙지 구멍으로 기어드는 저녁
그는 국수를 받아들고
김 오른 그릇에 자신을 달래듯 지난 시간을 휘젓는다
바닥에 남아있는 몇 점의 바다를 건져 올리며
그날의 발길을 잡던 사람
나는 깊은 허기를 순갈에 얹어놓은 채
말없이 뛰쳐나갔다
발밑에서 이명소리가 들린다
한사코 떼어버리고자 밀치던 기억 속에서
오늘 내가 정갈하게 차린 국수를 그에게 먹이고 싶다

그날을 자책하듯
뜨거운 국물을 바라본다

Indian Reservation

인디언 제비꽃이 꿈틀거리는 이른 봄
모카신을 신은 이야기가 숲속에서 걸어 나온다
아득하게 이어 온 마을은
말과 가축들이 움직이는 시간들로 흘러간다

여신 모노라의 축복으로
대지의 따뜻한 영혼을 가진 체로키 인디언들

숲속에 깃든 정령들의 노래를 칼끝으로 새기며
덤불 속 소리들을 그들의 언어로 소통한다

그들의 용맹은 그들의 신으로부터 물려받은 것
반딧불이 떼 지어 날아다니는 밤과 함께
강과 숲을 누빈다

Indian Reservation
강렬한 비트의 funk 스타일
곡에 취해 슬픈 가사를
흘려들은 어리석음을 삭제하고 싶은 오늘
멀리서 토마호크를 쥔 체로키 인디언 추장의

말발굽 소리가
자욱한 흙먼지를 피우며 달려온다

'인디언 보호구역'
외계로 버려진 땅에서 외로운 그들은
악몽을 꾸며 죽어갔다
슬픈 자들의 눈물이 넘치는 발자국이다

Cherokee peopie, Cherokee tribe
So proud to live, so proud to die

누군가 보았다고 한다
숲속 어딘가에서 노쇠한 추장이
하염없이 숲을 바라보며 어깨를 들썩이는 모습을

---

* 주 Indian Reservation : 인디언 보호구역

개기일식

오늘은 일식 현상이 일어나는 날입니다
빨리빨리 서두르세요
관측 최대 지점이 바로 이곳입니다

뉴욕의 명물
쉐이크쉑 버거 대소동의 열풍이 폭염을 터뜨립니다
젊음을 삼키며 긴 행렬의 차례를 기꺼이 기다립니다

드디어 코끝을 자극하는 버거가 당도했습니다
인증 샷에 몰두하는 남과 여
미식 우월의 심리를 담은 활자판이
손끝에서 분주합니다

달 표면의 그림자가 길어집니다
질기게 늘어진 햇살이 자신을 숨깁니다
부패한 건물을 숨기고, 아스팔트 위의 차를 숨기고
이제는 돌아가야 할 길들 마저 숨깁니다

이것은 일시적인 현상인 것 같습니다

아무래도
이것은 지나가는 일식에 불과합니다

폐주차장에 버려진 울음

오랫동안 고삐가 매여진 낡은 차 위로
녹슨 시간들이 떨어져 내린다
암팡진 고양이 한 마리 훔쳐 온 그늘을 나가자
멜라닌이 부족한 새끼 고양이가
노을에 물든 차바퀴를 혀끝으로 간질인다
따뜻해진 바퀴에 조금씩 감각들이 꿈틀거리고
호두까기 병정이 몰려오는 저녁이 경적을 울린다
한때
바퀴의 포효가 길 위에 빛났던 날들
먼 길 돌고 돌아 숨이 차오르는 저녁
주저앉은 차창으로 듬성듬성 새어 나오는 울음을
꺼내는다
울음을 밟고 나온 고양이
길목에 엎드려 누군가를 기다린다

밤이면 침대에서 솜털처럼 뒹굴던 기억을

놓칠 수 없어

날마다 떨어뜨린 깃털을 핥는 밤

바퀴 밑으로 숨어드는 울음이 차갑게 떠다닌다

어둠의 미간

창백하게 쉰 울음이 허공을 곤두박질친다
삭은 바람이 허리를 낮추며 먼 길을 향해 침묵한다
붉게 타들어 가는 슬픔이 바닥에 주저앉아
물웅덩이로 웅크린 어미의 억장을 누른다
온 몸을 조여 오는 허망에
압정 같은 날들이 등에 와 눕는다
삶과 죽음이 교차하는 모든 시간은
눅눅히 스며드는 어둠으로 고여 든다
싱싱하게 차고 넘치던 한 청년의 숨갈이 젖어들고
핏기없는 날들을 놓아버린 시간이 빗장을 닫는다
바깥을 배회하는 발자국 하나
잿빛 길 위를 소리 없이 떠나가고 있다

한란

긴 겨울 꽃잎
차디차게 새어나온 숨소리가
혼자 견디어 온 날들을 끌어안는다

불후의 손짓은
지난밤의 어둠과 추위를 꽃대에 접어두고
새벽을 조금씩 흔들어 깨운다

갸웃거리는 햇살 너머로
고개 숙인 미소는 범접하지 못할
뽀얀 자태의 여인

그 여인 뼛속으로
못내 지키고 견디었던 울음
사무치듯 울컥 향기 되어 쏟아져 나온다

맺힌 꿈 풀어내고
터져 나오는 숨찬 향내
눈부시어 애처로운 걸음마다

잎 새에
적신 희디흰 문장
간절히 걸어온 길 새겨져 있다

필경사 바틀비

심보르스카의
시를 안 쓰고 웃음거리가 되느니

그는 오늘
시를 써서 웃음거리가 되는 편을 택한다

문장의 행간을 문지르며
책갈피에 끼워 둔 당신을 써 내려간다

바스러져 헤진 실밥 같은
몇 줄의 시를 넘기며 창밖의 우울을 마신다

깊숙이 쓴 호흡을 토하며
자신의 살아온 날들을 거부한다

세차게 흔들리는 바람 소리에
혼자 침묵하는 날을 저항한다

12월의 날들

잠이 깬 밤
잠들지 못한 생각들
자리에서 이리저리 부딪힌다
사방에 묶여있는 불면이 모로 누워 뒤척이지만
바깥은 훤하게 밝아 온다
창문 밖으로 보이는 가로등의 불빛이
나태하게 깜박거리고
어제와 같은 오늘을 중년의 김씨는 예감한다

코로나 시대
검은 공기의 덫에 걸린 사람들이
빠져나가지 못하는 겨울
연이은 폐업 가게의 불안을 바라보며
뜯겨나간 내부 장식이 문 닫은 점주의 가슴처럼
너덜거려오는 뜬 눈의 새벽
살아왔다는 것보다
버티어 왔다고 느껴지는 날들의 한해
폐업과 임대 표지가 한 집 건너 붙은 거리에서
만나는 풍경이
마지막 달력처럼 황량하다

승승장구하던 이들의 실직이 늘어감에 따라
긴 세월 식당에서 삭은 자신의 주름을 더듬으며
그동안 견디다
김씨는 오늘 기어코 폐업 쪽지를 내 건다

"그동안 찾아주신 성원에 감사드립니다"

겨울바람에 구부정한 중년의 어깨처럼
덜컥거리는 쪽지, 버티어 온 날들의 시간임을
마른 입술이 쩍쩍 갈라지는 소리를 낸다

핏줄마다 터져 나오는 비명이
턱밑까지 흔들리는 저녁
생계를 위해 대리기사가 된 남자들 틈으로
중년의 김씨가 바삐 뛰어간다
그 발걸음 뒤로 어둠을 빨아들이는
불빛 없는 거리가 스산하리만치 섬뜩하다

뼈마디 체온 속으로 파고드는

한파의 추위와 함께 바이러스와 싸우는 날들
전쟁보다 더 기이한 현상들이
속수무책으로 붕괴되고 있다

'이 우주에 영원한 것은 없다'
지극히 평범한 말, 누구도 소멸을 피할 수 없듯이
12월의 불 꺼진 도시
인적 없는 텅 빈 상가를 지나치며
언제쯤 눈부신 빛이 보이기라도 할까
가게마다 열심히 일하던 그 많은 사람들
어디로 잠적한 것인가

추위에 뜨는 창문을 열자
힘겨운 날벌레의 주검이 떨어져 내린다

제4부

가을 통로

어둠에 장식된 도시가 안드로메다 운하에 빠져든다
소돔을 뒤로하고 뜨겁게 오열하는
순례자의 길을 떠난다
빗물에 씻기어진 길이 강 쪽을 향해 머리를 가다듬을 때
나목에 기대어 깊은 상념에 젖은 한 사람이 스친다
그는 긴 손가락을 더듬어 무거운 건반을 두드린다
배회하는 음들이 침묵을 삼킨다
빛의 망막에서 허우적대는 도시
움츠린 사내의 어깨 위로 해일이 일어난다
난파선의 시그널이 건널목 불빛에 표류하다
뛰어내린다
우울한 음모에 쇠사슬을 채우는 계절
이유가 없다는 것이 가장 큰 이유인 가을은
또 어떠한 구도로 나를 접목시키려 드는지
황폐한 잎들이 수런거리는 오후

하루살이 독백

온몸 거두어
꿈틀거리는 꿈

눈부신 햇살 위로
피어오르는 패기를 향해

높이 비상하는 고통을
그땐 몰랐지

과거도 미래도 없는
오늘을 붙잡고

불빛을 갖고 싶어
높다랗게 오르려는 객쩍은 욕망

어눌한 세상은 없는 거야
오를수록 찢어지는 한 움큼의 아픔

어둠살이 걷힌
내일의 한 귀퉁이에서

단지
젖은 날개를

구름 위로
펼쳐 보이고 싶을 뿐

새들 철책선 위를 날다

병실, 창가에 노인
한 무리의 새가 앉았던 자리에서
나뭇가지 파르르 떨리는 것을 바라본다

여린 무엇에 부딪혀 곧잘 넘어지던 때를 생각하며
그는 구부정한 척추를 세운다

불을 끈다
죽음 속에 삶이 되살아나는 꿈
어두움을 헤치며 강을 건너는 꿈을 꾼다
자신보다 더 젊은 어머니의 실루엣이 흔들린다

남과 북
어느 쪽도 간절히 사랑하지 않았던 헛것의 시간
두 마리 나비가 되어
이편과 저편의 꿈속을 넘나드는 노인
힘없이 기댈 데 없는 손을 떨군다

어머니를 향한 수십 년의 기도
그는 아득히 북쪽 하늘로

날갯짓 하는 새들을 바라본다
끼룩끼룩 가슴에서 무너져 내리는 울음이
마른 풀잎에 감긴다

길을 잃고 떠나는 순례자의 길
외기러기 차디찬 울음소리가
통곡으로 비껴가는 긴 겨울밤

철책선을 넘어가는 새 한 마리

여름날의 간이역

마주 누운 두 줄기 선로

내리쬐는 태양 아래
숨 헐떡이는 가슴만 느껴질 뿐
언제나 바라만 보는 안타까운 시간들

끌고 온 날들의
버팀목으로 서로의 마음을 붙잡지만

잡힐 듯 잡히지 않는 그 손길
다가설수록 멀어지는 두려움이 휘어진다

고추잠자리 떼 불러 모으는 여름날

붉은 가슴들이 맴을 도는 철길에
둘이 평행으로 길게 서 있는
외로움이 앙상하다

떨어진 만큼이 거리에서
내 안의 나를 불러 세우는 간이역

나란히 누운 마음이 철길 위로 떠다닌다

감기몸살

일교차가 심한 바람 속으로
분화구의 거대한 템포가 쏟아져 내린다

붉은 모래 속으로 끓어오르는 신열
번식한 열기가 편도선에 부풀어 오른다

시뻘건 용암이 터져 나오고
콧등 언저리를 맴도는 가파른 호흡
온몸에 붉은 암호가 펄럭인다

건조한 입술 사이로
번져 나오는 낙타의 짧은 비명
모로 누운 자리에
뜨거운 사막이 가릉 거린다

목 언저리에 얹힌
스물 네 시간
열에 시달린 플러그를 뽑아든다

새가 날아간 자리

바위틈으로 귀를 건
수초들이 숲의 소리를 엿 듣는다

인적 끊긴 비탈길에 아직 어둠은 오지 않아
가지 뻗은 나무들이 저녁을 떠받치고 있다

잡목들과 어울린 산 중턱이 낮게 흘러가고
솔바람 향기에 나는 그만 잠겨 든다

길을 잃은 산비둘기
어미 새 나무그늘 뒤에 숨어 새끼를 유인하며
끌고 간다

후드득 바람 속으로 날아가는 새
숲속이 휘청 흔들린다

나도 잠시 흔들려
지그시 눈 감은 듯 발길을 옮긴다

어둠이 찾아드는 숲 아래

물밑으로 키워 온 별빛이 반짝이고

발목에 감겨드는 물소리
돌아앉아 제 갈 길을 중얼거린다

풍문

시퍼런 혀의 춤사위가
독버섯으로 피워 오르며
입에서 자라난 쾌감은
커다란 귀들을 불러들인다

소문은 해일로 소용돌이치고
붉은 혀를 숨긴 뱃전은
해안선을 밀어 멀리 달아난다

밤하늘에 검은 비명이
움푹 패이고
난기류의 파도가 스치면
억측을 실은 난파선이 기우뚱거린다
부유하던 물거품이 사라지고
가려운 귀들이 떨어져 내린다
떨어진 자리에
근거 없는 피편들이 일제히 흩어진다

어둠살이 내린 길목에
얼룩진 혀들이 시들어있다

풍파를 견딘 돌담에서
건져 올린 맑은 숨결 하나
손바닥에 살며시 덧대어 본다
거친 호흡들이 편안하다

노을의 묵시록

사이렌의 경고음이
8차선 도로를 끌고 간다

시위대에 길들이 휘어지고
긴급 뉴스는 오후를 타전한다

길을 건너는 여자
가쁜 호흡을 꾹꾹 누르자
무단 횡단하는 사내의 등 뒤를
몇 가닥의 햇살이 끌고 간다

외곽 도로에 실루엣만 남은 강가
햇살이 늘어선 차들을 붉게 물들이고
전광판 뉴스는 사람들을 들끓인다

강변으로 곤두박질치는 햇살
분열된 사람들의 입술이 술잔에서 표류한다

구름을 뚫는 장엄한 일몰
핏빛으로 견딘 누군가의 죄를 핥아주 듯

길가에 한 무리 샐비어 꽃
석양 보다 더 붉은 하루를 품고 있다

제주 곶자왈에 안기다

정박한 시간이 숲을 끌고 온다

돌 더미에 자란 바람이
숭숭 뚫린 현무암을 파고든다

거미가 이끼의 목덜미에 뛰어들자
날카로운 잎들이 바늘을 치켜든다

원시림의 파문이 길을 삼킨다

길은 돌과 이끼로 수군거리고
나무들로 가려진 하늘은 멀리 있어 외롭다

누군가 던진 소문의 통증을 끌어안은 수초
흐느적거리는 숨들이 엉켜있다

숨골을 지나 궁지에 몰린
새의 발목이 관절을 앓는 하루

수전증을 물려받은 고사리

길들여지지 않은 햇볕으로 허기를 채운다

동백의 붉은 울음이
바다에서 출렁이는 저녁

기울어진 돌담 사이로
까맣게 내린 별빛이 파도에 뒤척인다

한낮의 축제

햇볕을 창가로 옮기자

씨주머니 잎이 붉어오는
채송화의 가슴을
곁눈질하며 키득거린다

치켜든 패랭이의
톱니가 시선들을 가위질한다

물끄러미 바라본
샐비어가 입술을 문지르자
낭자한 선혈이 한낮을 훔쳐 달아난다

맞은편 의자에서 뜨개질하는 할미꽃
창문에 비친 햇살을 두른 채
잊었던 기억을 드로잉하는 한나절

자유로운 비상을 꿈꾸는
홀씨의 반란이 허공 속에서 자맥질한다

나태하게 걸린 액자의 풍경이
졸음에서 굴러떨어진 표정을 감춘다

발갛게 부푼 꽃잎들의 터지는 웃음
우주의 한철이 들썩인다

잉카의 노래

긴 머리 남자 인디오
그의 선율이 계곡을 감싼다

유적의 가파른 돌계단을 올라
잠든 왕조의 살과 뼈를 더듬는다

공중에서 맴을 도는 콘도르 떼
전사들의 발목을 날개에 숨긴 채
아득한 환생의 계곡으로 날아간다

죽음과 영혼이 교차되는 안데스
계곡에서 자란 풀들이 수면처럼 퍼져 나가고
빙하를 흐르는 신음은 숲의 능선을 지운다

소리는 거대한 설산을 뚫고
콘도르의 눈을 가진 남자는 골짜기의
폐허를 깊숙이 빨아들인다

수백만 대군을 이끈
한때의 찬란함은

계곡의 흙과 먼지 같은 것

무너진 성벽으로 선율이 기울어지고
남자는 식은 악기를
태양의 신전에 걸어둔다

풀벌레의 전언

사방을 비벼대는 소리
밤을 흔든다

지난해 전하지 못한 말 삼키며
차오르는 눈물

그 기억 떨쳐낼 수 없어
또다시 울음 운다

밤을 파고드는 애절한 절규
서늘한 가슴 감춰두고

구멍 난 낙엽 속에
떨어뜨린 미련을 중얼거린다

느닷없이 멈춰 선
울음 사이로 허리춤에 꺼내든 실움

한 움큼의 비애가
터진 함성 속으로 무너진다

비 오는 날의 투명함

신문이 아침을 연다

빗줄기에 덧댄 세상을 스크랩하다
비릿함을 끓여 차를 마신다

웅변의 혀를 가진 자는
남을 조롱하는 만큼
자신의 결점을 까맣게 지워 버리고

비판하는 자는
문제의식을 강하게 비판한 척
자신의 문제는 봄바람으로 다룬다

혁명을 부르짖는 자는 많지만
뒷공론만 난무한 채
혁명의 실천은 없다

무늬 없는 소리가 비를 두드린다

씁쓰레한 찻잔을 바라보며
참새를 두려워하는 허수아비를 가위질한다

그 해 가을

누군가 울고 간 자리 패여 있어
나 외로워지기 위해 그 자리에 가 앉는다

어둠을 긁는 갈대의 몸짓에
설핏설핏 슬픔이 고여 드는 곳

팔 벌린 나무들 사이로
잠든 새의 가슴이 공허하게 매달리고

보이지 않는 얼굴이
구름의 방향으로 흩어진다

나 구름을 붙들고 새소리 붙들어 놓지만
흘러가는 당신을 잡을 수 없어

강가에 앉아
깊어지는 물소리에 귀 기울인다

먼 별빛과 함께
범종소리 떨어져 내리는 해 질 녘

차가운 웃음의 앳된 비구니
적막한 가을 산을 넘어간다

후회 없어요
– 에디트 피아프

‘내 사랑을 내 품에 돌아오게 해 주오
하늘이시여, 지비를 베푸소서’

피를 쏟아내는 목소리
죽음보다 더 한 외로움의 노래가
무대에서 쓰러진다

며칠 후에 깨어난 그녀에게 누군가 질문한다
“죽음이 두렵지 않나요?”
“외로움만큼은 아니예요”

에디트 피아프
일찍이 부모에게서 내버려진 그녀
어린 나이에 구겨질 대로 구겨진 삶은
폐역의 잡초처럼 짓밟혔다
그녀의 골목은 어둡지만
입에서 새어 나오는 노래는
벽을 타고 올라
20세기 최고의 가수로 우뚝 서 올랐다

단 한 번도 괜찮은 적이 없는 그녀의 인생에
난생처음 사랑하는 사람에게 받은 따뜻함,
그녀에게 달려오던 수화기 너머
웃음이 채 영글기도 전 그가 탄 비행기의 추락
행과 불행이 함께 찾아오는 삶에서
그녀는 잔해처럼 부서져 내렸다

비틀거리는 나날들
젊은 나이에 할머니의 형상이 된 피아프
불행이 찾아오는 골목은 늘 아프고 아파서
술로 점철된 생은 늙고 지친다
가슴 밑바닥에서 끓어오르는 슬픔의 몸부림
그녀 주머니에 가득 찬 외로움은 들끓어
사막의 모래로 자라난다

올랭피아 뮤직홀
공연을 앞두고
술과 모르핀으로 나날을 지탱해온 그녀는 흔들린다
마른 낙엽과 같이 바스러질 것 같은 작은 몸집
생의 마지막임을 감지한 그녀는

두려움을 떨치고 곧장 무대 위의 그녀로 돌변한다

신 내림을 받은 듯한 절창
그녀의 노래가 에펠탑 위로
울려 펴지며 파리를 적신다
흐느끼듯 입안에 구르는 듯한 호소력
사람들은 한동안 깊게 잠들지 못한다

자신의 이야기 같은 노래
"다 부질없기에 어떤 것도 후회 안 해요/
내 인생과 기쁨을 이젠 당신과 시작할 거니까"
천국에서 함께 하고픈 당신을 부르며
그녀는 환하게 웃음 짓는다

귀퉁이가 닳은 어두운 골목에서 빠져나온 그녀
어느덧 목소리를 담아 걸고
한 움큼 꽃으로 쏟아져 내린다

오래된 눈물

마른 잎이 잉잉대던 날
언니가 내방에 쓸쓸함을 걸어 놓고 갔다

밤새 고이던 우물소리에
기우뚱거리는 옛 빗장이 떨어져 내리고
열기로 끓어오른 몸이 기억을 찔러댄다

눈발처럼 희미한 숨소리 들리는 듯
허공에 덜컹거리는 옛 소리들
밤을 내려놓은 그녀가 내 어깨를 짓누른다

열꽃으로 번지는 설움
가파른 호흡이 재처럼 쿨럭이고
몸을 일으켜 손잡으려 하지만
꿈속에서만 다녀가는 그녀

먼 집으로 새 떼들이 날아들고
팔꿈치에 걷잡을 수 없는 통증이 살아난다

해 설

정박점 상실의 존재론과 디스토피아 세계

– 감정말, 『고래가 왔다』

정진경 시인

현대의 공간성(spatiality)은 예상을 초월하는 세계와 존재의 자리를 만든다. 자본주의와 통신기술의 발달로 공간이 만드는 세계는 가히 혁명적이고, 자본주의 논리와의 변증법 속에서 생산된 시공간적 유토피아는 공간의 불균등성을 극복한다. 시공간의 가속화는 현실세계의 질서를 재편성하고 우리의 존재성과 실존성을 재편성한다.

공간이 만드는 세계가 존재론적 사건을 만드는 자리라는 사실은 공간적 개념이 경험적 주체이든 인식론적인 주체이든 간에 변하지 않는 자명한 사실이다. 플라톤(Platon)의 이데아로부터 출발한 추상적인 공간 개념이 다시 사이버 공간의 개념으로 회귀되는 현상은 현대적 공간에서 인식론적인 개념이 중요함을 의미한다. 통신케이블을 통한 가상공간들은 인위적으로 만들어진 공간이지만 몸의 인식론을 통해서 현실세계의 질서들을 체감할 수 있다. 몸의 직접적 경험을 주체로 하는 실존 공간의 의미가 많이 퇴색되고 있는 실정이다. 하지만 중요한 것은 어떠한 형태로든 인간은 공간 속에서 살고 있다는 사실이다.

감정말의 이번 시집 『고래가 왔다』에서도 공간은 시적 자아의 존재론과 세계관을 형성하는 중요한 이미지이다. 시적 공간은 시인의 경험에 의해 만들어진 재현 공간으로, 현실세계에서 체현한 문제들을 공간적 속성으로 상징화한 것이다. 시인의 현실세계를 반영하는 의식이며 변화를 추구하는 상상력의 공간이면서 이상을 만들어나가는 상징적인 공간의 실천이다. 감정말은 현실에서의 불안이나 좌절을 공간을 지각하는 몸의 감각적 혼란이나 공간으로서의 몸을 전환하는 방식으로 표출한다. 시집 전체를 관통하고 있는 공간적 장벽은 감정말이 우리가 사는 세계를 근원적으로 디스토피아로 인식한 것으로 보인다. 그의 시적 시선이 사회적 소외자나 사회적 약자의 존재성과 실존성에 주목하고 있는 것도 디스토피아 세계관과 무관하지 않을 것이다. 다수의 시들에서 나타나는 공간적 혼란, 장벽, 세계를 반장소화하려는 흔적들은 감정말만의 방식으로 존재론적인 문제를 풀어나간 시적 화두라 볼 수 있다.

1. 휘청거리는 길, 정박점 상실의 존재성

감정말에게 공간은 존재의 불균형성을 드러내는 의식 중의 하나이다. 시인의 많은 시들에서 '길'은 불안하고 위태롭게 느껴진다. 세계 속에서 시인은 길의 방향을 잃거나, 한기를 느끼면서 비틀거리고, 미끄러지다가 부서지는 혼란스러운 존재의 자리로 형상화된다. 세계를 인식하는 물리적 존재자로서 시적 존재들의 몸은 감각의 혼란으로 인해 공간을 확장하지 못한다. 공간적 관점에서 역동적인 운동성은 능동적인 삶의 의지와 관련이 있다. 길이 개방적일 때는 존재성과 실존성이 확장되지만 차단될 때는 그 반대의 의미를 가진다. 그의 많은 시들에서 공간적 감각의 혼란을 겪는 몸은 세계에 대한 수동성을 의미한다. 길에 대한 휘청거림은 사회적인 관계망 속에서 지각된 존재성에 대한 불안을 드러내는 공간적 본성이다.

집 앞을 돌아 나올 때
아침마다 준비된 각오로 길을 나서지만
언제나 놓친 길뿐

무기력한 길목에서 방향을 잃은 채
서늘하게 길이 끝나는 자리의 두려움
내가 나인 것이 두려워지는 즈음

마냥 걸어온 길에서
문득 내다보이는 절벽과 그 아래 패배를
몰아치는 파도가 엉켜드는 비릿가
일몰이 모여드는 수평선을 바라보며
나는 그때 다친 짐승처럼 울음을 뱉어 놓았다

기울어져 가는 어둠 속에서
잃어 버린 길들을 써 내려간 날들

거친 물결을 헤쳐 나온 갈매기가 날개를 접는다
접혀진 길에서
갈매기는 그 무게만큼의 고통이 있고
새의 주둥이에 물린 작은 물고기는
물고기의 슬픔이 있다는 것을

-「외로운 날의 일기」 부분

인용시는 현실세계의 불안을 공간적 본성으로 보여주는 시들 중 하나이다. 시에서 길은 외부세계로 개방되어 있지만 심리적인 방향성을 잃은 시적 존재에게는 난관을 헤쳐나가야 하는 거대한 장벽으로 존재한다. 세계에 대한 불안과 두려움, 공포와 패배감이 몸의 감각으로 작용을 하면서 길은 심리적으로 차단되고 있다. 길에 대한 불안한 감각은 외부세계에 대한 불편함을 드러내는 시인의 트라우마이다. 세계 내에서 길을 놓치고, 접히는 길을 접하고, 골목을 "무기력"하게 인식하는 시적 존재의 공간적 혼란은 "서늘하게 길이 끝나는 자리의 두려움", 행로의 끝이 희망적이지 않기 때문이다. 공간에 대한 혼란스러운 감각은 세계 내에 안주할 수 없다는 불안이 반영된 것이다. '방향감각 상실 증후군'이라는 심리적 증상을 겪게 한 원인이다.

이 증상은 외부세계에 대한 감정말의 불안이 얼마나 심각한가를 말해준다. 자신만의 공간에 더 이상 나아가려고 하지 않는 이런 심리적인 의식은 심리학이자 행동연구가인 그레이엄 (Graham Brown)에 의하면 세계 내에서의 주체성과 관련이 있다.(발터 슈미터, 『공간의 심리학 : 인간의 행동을 결정하는 공간의 비밀』, 33면) 인간의 공간적인 소유욕은 능동적인 행동으로 나타나며 이는 세계 내에서 자신의 위치를 확고히 해주는 자긍심으로 연결된다. 세계 내에서 세계를 나아가지 않는 시적 존재의 태도는 스스로의 존재가치를 인정하는 자긍심의 결여이며, 주체로 설 수 없다는 불안에서 비롯된 것이다.

이런 불안함의 원인은 시적 존재가 말하는 "잃어 버린 길들을 써 내려간 날들"일 것이다. "잃어버린 길" "접혀진 길"에서 겪은 "고통"은 자신을 "짐승처럼 울음을 뱉는" 존재로 만든다. 세계 내에서의 고통을 짐승의 울음으로 인식하는 것은 자신의 존재성과 실존성이 비인간적임을 의미하는 것이다. 인간의 언어에서 동물 언어로의 변주는 공간을 점유하는 존재로서 몸의 성격을 전환하는 것이다. 현실세계에서 인정하는 생물학적인 몸을 부정하는 것은 신체를 다른 공간, 즉 다른 세계로 옮기는 것을 의미한다. 일반적으로 몸의 공간적 전환은 현실에 있으면서 현실에 없는 공간인 헤테로피아로 규정될 수 있다. 헤테로토피아는 현실의 의미를 중화시키고, 정화하기 위한 일종의 반反공간(contre-espaces)으로(미셸푸코, 『헤테로토피아』, 33-34면), 현실세계가 만든 질서에 대한 이의제기이다. 이것은 현실과는 역방향의 의식이 작용할 때 드러난다. 시인이 의도하든

의도하지 않았던 간에 시적 몸의 존재론적인 전환은 현실세계에 대한 불만이며 사회적 질서에 대한 이의제기이다. 내 몸의 공간성을 처절한 동물로 전환하면서 세계가 만드는 존재의 자리를 바꾸고 실존적 의미를 바꾸고자 하는 의식을 드러낸 것이다. 하지만 감정말 시에서 몸의 공간적 전환은 긍정적인 세계를 만들지 못한다. 공간적 전환을 하려는 몸은 늘 방향성을 잃거나 감각의 혼란 속에 있으며 세계에 뿌리를 내리지 못하고 있다. 자신의 몸이 굳건한 뿌리가 되는 '정박점(lepoint d'ancrage)' , 마페 졸리(Maffe jolly) 말대로 세계 내에 안전하게 정착을 하는 '역동적 뿌리내림'이 제대로 되지 않는다. 늘 흔들리는 존재의 자리는 언제 쓰러질지 모를 위험에 위태로운 실존으로 연결된다.

이러한 세계에 대한 시인의 태도는 입장과 관련이 있다. 공간은 존재가 접하는 경험화 된 의식의 단면이다. 몸의 감각적 혼란은 시적 존재의 가치들이 주입되어 있으며 감정이 실려 있다. 이번 시집에서 많은 수의 시적 시선이 사회적 소외자나 사회적 약자 같은 역동적인 뿌리내림을 할 수 없는 주변부에 주목한 것은 결코 우연이 아닐 것이다. 현실세계 내에서 그늘이나 어둠의 자리로 존재하는 타자들의 실존성을 지지하는 입장을 취하고 있다.

> 저물어 가는 저녁
> 솜털까지 일어서는 한기를 느끼며 길을 찾는다

낡은 건물들 사이로 담쟁이넝쿨이 힘겹게 오르고 있는 그 곳, 계단 위로 쓸쓸함이 층층이 누워있다

굽은 골목을 따라 어둠이 휘어져 내린다
바람 부는 길 끝에서 제단처럼 우뚝 서있는 계단,
난민처럼 모여든 사람들이
하루의 노동을 마치고 오르는 길이다
…(중략)…
고향을 멀리 둔 사람들이 언젠가 닿고 싶어 하던 곳,
떠나간 사람들의 계단이 절벽처럼 부스스 떨어져 내린다

-「아무도 오지 않는 계단」 부분

감정말에게 세계는 쉽게 오를 수 없는 거대한 장벽이자 길은 있으나 쉽게 찾지 못하는 미로와 같다. 대로나 평지가 아닌 거의 90°에 가까운 실존성을 갖고 있다. 험난한 세계 내에서 존재의 자리를 만드는 형상은 마치 암벽을 기어오르는 클라이밍을 연상하게 한다. "한기"를 느끼며 길을 찾는 시적 존재의 눈에 "담쟁이넝쿨"의 길 찾기는 사회적 주변부들의 길 찾기와 유사하다. 생명의 활동이 멈출 때까지 빛을 찾아 헤매는 고통, 어렵사리 뿌리내린 몸에는 빛 바라기를 하는 잎들만이 무성하다. 주체가 아닌 비주체로 존재한다. "담쟁이넝쿨"은 안주할 공간이 없는 "난민"이다. 노동자의 실존성은 마치 "낡은 건물들 사이로 담쟁이넝쿨이 힘겹게 오르고 있는" 것과 같다. 세계 내에 안전하게 정착한 사람들과는 다른 길, 길이 없는 길을 한 발자국씩 디디면서 불안

과 추락의 공포를 느껴야하는 클라이밍이 이들 삶의 행로이다. 사회주변부의 삶의 행로는 "바람 부는 길 끝"에 "우뚝 서있는" "제단"으로 가는 계단, "절벽"이다. 제단은 세계 내에서 가장 굳건한 정박지 중 하나로 세계의 중심이다. 세계의 중심으로서 제단은 문화에 따라 세부적으로 다르지만 인간중심주의라는 특징을 갖고 있다. 인간과 인간이 만들어내는 '관계의 장'으로서 중심은 공간 체계 안에서 강력한 사회적 힘을 상징한다. 사회주변부들은 세계 내의 힘은 죽음을 불사해야 가능하다. 이들은 선택의 여지가 없는 막다른 골목에서 세계에 안전하게 존재할 수 있다는 '정향감(sense of orientation)' (이-푸 투안, 『공간과 장소』, 33면)을 갖기 위해서는 절벽을 오르는 가파른 삶의 행로를 견뎌야 한다. 권력의 원천으로서 공간에 진입하기 위해서는 필사의 운동을 해야 앞으로 나아갈 수 있는 것이다.

스스로 굳건한 정박점이 될 수 없다는 감정말의 존재론은 시간의식을 드러내는 시에서도 나타난다. 시간은 사회주변부의 실존을 억압하는 요인으로 작용하고 있다.

> 새어나온 울음이
> 가파른 모퉁이를 기어오른다
> 여자를 넘쳐난 눈물이 바닥을 적신다
>
> 슬픔을 누르는 긴 시간
> 여자는 얼굴에 걸린 눈물을 더듬는다

어둠에 매달린 흐느낌이
천천히 가라앉고
외등에 몸을 의지한 여자
지옥 같은 날들을 차곡히 접는다

-「매달리는 저녁」 부분

삶과 죽음이 교차하는 모든 시간은

눅눅히 스며드는 어둠으로 고여 든다

싱싱하게 차고 넘치던 한 청년의 숨갈이 젖어들고

핏기없는 날들을 놓아버린 시간이 빗장을 닫는다

-「어둠의 미간」 부분

푸성귀를 다듬다 설핏 잠이 든 할머니
휘어진 허리로 절뚝이며 건너 온 시간이 감긴다

일찍 남편 잃고
내리 두 아들 보낸 할머니
하나 남은 피붙이 위해
아궁이 지피던 손등

한평생 지닌 손맛
간판 없어도 알고 찾아오는 이에게
막걸리 빚어 철따라 도토리, 메밀묵 쑤어 건네던
바스러진 손이 뭉툭하다

-「봄비는 내리는데」 부분

인용시들을 보면 시간은 실존적인 전진을 방해하고 있다. 「매달리는 저녁」의 시적 여성에게 시간은 "슬픔을 누르는" 압정이다. 시간의 압정이 꽂인 공간은 고통을 환기하는 세계이자 시적 여성이 처해 있는 존재의 자리이다. 시적 여성의 삶의 행로는 "지옥 같은 날들"로 인해 미래로 나아가지 못하고 정체되어 있다. 그리고 「어둠의 미간」에서의 시적 청년의 시간은 "핏기 없는 날들"로 인해 빗장이 닫혀 있다. 과거의 공간을 차단하는 방식으로 부정하고 싶은 내 역사를 외면한다. "삶과 죽음이 교차하는" 청년의 시간은 어둠만 고여 있는 절망적 세계이다. 그리고 「봄비는 내리는데」에서의 할머니 시간은 노화된 몸에 감기어 있다. 할머니의 몸에서 흐르는 시간은 실존을 희망적으로 이끄는 재생의 시간이 아니라 곧 소멸될 유한의 시간이다. 공간을 눌러 실존적 의미를 폐쇄하는 시간의 양상은 세계 내에서의 상처가 환기하기 싫을 만큼 끔직한 것으로 기억되기 때문이다. 시간의 단절은 기억의 단절로 세계가 만든 내 존재의 자리, 실존적인 나의 역사를 부정하는 것이다. 세계 내에서 형성된 타자의 실존성은 나를 하나의 지점에 가두는 원인으로 작동한다. 응고된 시간은 비희망적인 미래에 대한 인식으로, 역동적으로 작동하지 않는 욕망을 의미하는 것이다. 실존을 역동적으로 작동시킬 때 보이는 시간의 가속화를 데이비드 하비(David harvey)는 사회적 문제들을 촉진하려는 동기라 말한 바 있다(데이비드 하비, 『포스트모더니티의 조건』, 270면). 진보적 실존은 새로운 공간을 창조하면서 시간을 가속화하는 양상을 가지는데 감정말의 시적 존재들은 오히려 정지되어 있다. 기억을 단절해서 자신의 역사를 폐쇄하고, 세계 내 공간을 고립시켜 그 안에 스스로를 자폐하고있다. 사회적 약자나 사회적 소외자의 자리에서 세계가 얼마나 거대한 장벽으로 보이는지를 공간적 속성으로 보여준 것이라 할 수 있다.

2. 어둠으로 재귀하는 거울, 디스토피아(dystopia) 세계

감정말 시에서 세계에 대한 접근 불가능성, 유약한 뿌리내림의 실존성을 보여주는 또 다른 이미지들이 거울이나 가면이다. 이것들은 시에서 현실의 문제들에 이의제기를 하면서 시적 존재의 몸을 마술적인 힘으로 반장소로 전환하는 헤테로토피아 기능을 한다. 감정말의 시적 존재들은 거울을 비추는 순간 거울 속에 있는 이상 공간과 연결이 되면서 다른 존재성으로 전환한다. 일반적으로 몸의 공간적 전환은 현실세계를 다른 국면으로 전환시켜 주는 막강한 힘이지만 감정말 시에서는 거울을 통한 공간적 전환은 현실의 나를 다시 재귀시키는 기능을 한다. '행복한 세계는 없다'라는 디스토피아 세계관을 심화하는 기능을 한다.

> 한 동안 나는 오아시스처럼 맑은 유리거울을 간직했어요
>
> 눈뜨면 정성스레 입김을 불어 닦았어요

햇살이 출렁이는 날은 가슴이 먹먹해지기도 했어요

어느 봄날

가방 속에 넣어둔 빛이 눈부신 날이었어요

나무가 기지개를 하고 있을 때

나는 내 눈을 의심 했어요

너무나 당황스러워 있는 힘을 다해 닦았지만

엉겨 붙은 먼지는 닦아지지 않았어요

어처구니없어

한 순간 검은 보자기로 덮어 버렸어요

그리고 서랍에 숨겨버렸지요

- 「유리거울의 에피소드」 부분

감정말의 시에서도 거울은 희망적인 실존성을 갖기 위한 수단으로 성찰된다. 하지만 거울로 재귀되는 것은 희망적 세계가 아니라 또 다른 나이다. 시적 존재는 "오아시스처럼 맑은 유리거울을 간직" 하면서, "눈뜨면 정성스레 입김을 불어 닦"아보지만 거울은 세계의 국면을 전환시키지 못한다. 오히려 "빛이 눈부신 날", 즉 세계 내의 실존성이 희망적이라 생각했을 때 "엉겨 붙은 먼지"로 가득한 세계는 "닦아지지 않"고 길을 감추어 버린다. 거울은 공간을 전환하는 기능을 상실함으로써 세계의 국면을 전환시키지 못하고 암울하고 어두운 현실 세계를 원래의 자리로 되돌려버린다. 국면을 전환하려고 하면 할수록 더 암울해지는 세계, 거울 속 막다른 골목은 혼란스러운 감각을 느끼던 길보다 더 불안한 공간으로 존재한다. 거울은 세계로 나아가려는 내 욕망을 어둠 속으로 또다시 재귀시킨다. 세계에 대한 불가능한 뿌리내림은 또다시 세계로 나아가려는 의지를 꺾고, "검은 보자기로 덮어버"리거나 "서랍에 숨"기는 등의 행동을 하게 만든다.

내 욕망을 어둠 속으로 재귀시키는 이런 양상은 공간적 전환을 통해 새롭게 진입한 세계에서도 마찬가지이다.

잃어버린 이상理想을 그리다가
거울 속에 웅크린
이상李箱을 스케치 한다

독백의 그림자를 끌어안은
사내는 여전히 흔들린다
탐욕스런 빛의 어둠을 갉은 채
서울 속 박제된 웃음이
날카로운 침묵을 떨어뜨린다

슬픈 아이들이 풀밭을 달려간다
어지러운 철조망의 낙서가
붉은 절규로 하늘을 기웃거린다

막다른 골목에 걸터앉은
형이상학의 암호들
짓눌린 부호 음으로
허공을 난타한다

―「거울놀이」 부분

인용시에서 거울은 헤테로토피아 기능을 통해서 공간적 전환을 하려는 것이다. 시에서 거울은 현실세계에서 "잃어버린 이상理想"을 찾는 헤테로피아의 기능을 하고 있다. 시적 존재는 거울을 통해 현실과는 다른 새로운 존재성을 원하지만 그곳에서 만나는 존재는 시인이자 소설가인 이상이다. 거울은 시적 존재의 몸을 이상과 동일화하면서 현실세계의 암울한 모습을 재귀해 놓는다. 이상의 환상을 통해서 현실의 세계를 고발한다. 시적 존재가 획득한 "거울 속 박제된 웃음"을 짓는 이상은 시대적 현실로 인해 절망과 환멸을 겪으면서 살아온 식민지 지식인이다. 이상과 동일화되어 있는 자신을 만남으로써 또 다시 어둠의 현실로 재귀된다. 이상이 살아온 세계와 자신의 세계가 다르지 않음을 보여주는 것이 이상의 시 「오감도-시제1호」 의 내용들을 인유한

구절 등이다. "막다른 골목"으로 "슬픈 아이들이 풀밭을 달려"가는 형상은 "13인의 兒孩가" "막다른 골목"(이상, 「오감도-시제1호」 부분)으로 질주하는 이상의 시를 연상하게 한다. 이상의 시에서 막다른 골목으로 질주하는 13인의 아이는 공포와 불안의 세계를 질주하는 존재들이다. 이러한 존재들에게 세계 내에서 빛나는 "탐욕스러운 빛"은 희망이 아니라 현재의 존재성마저 위협하는 불안한 요소이다. 세계는 시적 존재나 이상을 막다른 골목으로 몰아가는 몰이꾼이다. 거울 속 세계에서 질주하는 아이들은 시적 존재의 불안을 가속화하는 행위의 표상이다.

절망을 가속화하는 상황은 분장을 통해 세계를 전환하려는 시에서도 마찬가지이다.

분장실에서 뛰쳐나온 사내가
잘린 귀를 들어 올린다

빈센트 반 고흐의 불협화음이
제 얼굴을 지우며 비틀거린다

사내의 서늘한 표정이
사람들을 향해 온몸으로 침묵한다

홀로 서 있는 몸짓은
불이 꺼지는 순간 무대 뒤로 사라지고

굳게 다문 아우성으로 객석이 피어난다

-「우울한 카페의 연극」 부분

이 시에서도 감정말은 분장과 무대라는 헤테로토피아 기능을 통해서 디스토피아 세계관을 드러낸다. 시적 사내의 분장은 가면의 힘이 갖고 있는 비밀스러운 권력, 보이지 않는 힘을 세계와 소통시키는 기능을 한다. 분장을 통해 세계를 바꾸는 행위는 현실적인 문제를 해결할 수 있는 어떤 마술적인 힘을 갈망하는 동시에 의식 속에 내재되어 있는 욕망을 불러내는 일이다. 분장은 현실의 나를 철저하게 지우고, 이 세상에 없는 새로운 공간에 위치하게 하여 새로운 존재성을 갖게 한다. 분장을 통해 시적 사내가 "빈센트 반 고흐"의 존재성을 갖게 된 것은 이러한 이유 때문이다. 문제는 여기서도 시적 사내와 고흐가 동일화되어 있다는 것이다. 현실세계의 어두운 존재성이 그대로 재귀된다는 것이다. 세계를 희망적으로 바꾸지 못한다는 디스토피아의식은 무대가 전환하는 세계를 통해서 더욱 심화된다.

무대는 양립 불가능한 공간을 한 장소에 겹쳐놓는 방식으로 세계를 전환한다. 무대에서는 배우의 연기와 함께 여러 공간들이 공존한다. 배우의 연기 또한 분장의 한 형식으로 현실에서의 자신의 존재성을 철저하게 버리는 행위이다. 배우는 분장과 연기, 무대를 통해 처절하게 자신을 현실세계로부터 분리하고 새로운 세계와 존재성을 만들어낸다. 알프레드 시몽(Alfred simon)은 분장과 연기가 가진 가면성에는 신성과 연극이라는 이

중적 기호가 내재되어 있다고 한다. (알프레드 시몽, 『기호와 몽상』, 26면) 가면은 신성을 밑으로 끌어내리고 하나의 표정을 통해 인간성을 고정시키도록 설득한다. 원초적인 어둠을 가면의 힘으로 없애려고 하는 이의제기의 장치이다. 하지만 현실세계를 이의제기하는 장치로서 분장과 연기는 세계를 설득하지 못한다. 세계와의 불소통은 "고흐의 불협화음" 으로 나타난다. 세계의 "굳게 다문 아우성"으로"홀로 서 있는 사내"는 이곳에서도 전진을 하지 못하고 있다. 심층적인 현실세계의 비극이 또다시 재귀되고 있다. 세계를 바꾸는 마술적인 힘은 좌절되고. 시적 존재들의 욕망은 또다시 동굴 속으로 움츠린다.

이런 존재론과 세계관으로 인해서 감정말의 시적 존재들은 마치 욕망이 없는 것처럼 보인다. 하지만 세계를 접할 때 느끼는 감각의 혼란이나 현실의 문제에 이의제기를 하는 공간적 전환은 어둠을 벗어나려는 처절한 욕망의 흔적이다. 단지 세계의 빛이 사회주변부들에게는 너무나 강력해서 이것이 그들에게는 어둠 속 전짓불마냥 길을 보여주지 않는다. 감정말의 희망이나 욕망이 날개짓이나 동굴에 은폐될 수밖에 없는 것은 이러한 고통을 너무나 잘 알기 때문이다. 우화는 "오를수록 찢이지는 한 움큼의 아픔"(「하루살이 독백」 부분)이라는 하루살이의 독백은 자폐의 실존성을 가진 사회주변부들의 절규이다. 거대한 발광체로 빛나기 위해 세계의 권력은 이들을 어둠 속으로 몰아넣으며 아주 깊게 뿌리를 내린다.

감정말의 이번 시집은 정박점을 상실한 존재들과 디스토피아의 세계관에 주목하고 있다. 시에서 감각의 혼란으로 인식되는 길은 인간의 존재성과 실존적 의미를 만든 세계에 대한 불안과 공포를 드러낸 것이다. 특히 스스로 굳건한 뿌리내림의 '정박점'이 되지 못하는 시적 존재들의 모습은 현실세계에 있는 사회주변부들의 실존성을 대변한 것이다. 세계의 빛이 그들을 성장시키는 굴광성이 아니라 어둠이나 그늘로 몰아넣는 주체로 인식되면서 경험하는 주체로서의 몸은 시에서 공간적 혼란을 겪거나 몸을 반장소화하는 방식으로 이의제기를 한다. 감정말이 세계를 극복하려는 욕망을 드러낼수록 이것들은 어둠으로 다시 재귀하는 속성을 지닌다. 하지만 시인의 시선이 사회적 소외자나 사회적 약자에게 앵글을 맞추고 있다는 점은 그가 따스한 마음을 가진 시인임을 짐작하게 한다. 또한 시인이 세상을 사랑하는 한 방식으로 정박점을 상실한 존재들을 선택한 것이라 여겨진다.

자본주의 논리가 변증법적으로 작용하면서 시공간 유토피아가 실현되는 이 시대에 감정말의 시적 공간이 혁명성을 갖지 못하는 것은 사실이다. 전진하지 못하고 머물러 있는 공간의 세계는 어쩌면 가속화되는 사회적 현실을 부정하는 사회주변부들의 항변인지도 모른다. 너무 빨리 질주하는 세계를 따라잡기 힘든 이들의 절규인지도 모른다. 하지만 필자는 시인에게 '힘내라'고, 희망적인 세상을 찾아 역동적인 시선을 갖기를 권유해본다. 인간의 상상에만 머물러 있는 유토피아가 인식론적인 공간에서 실현되었듯이 무한한 가능성의 세계가 우리가 사는 세상임을 말해 주고 싶다. 다음 시집에서는 시인이 욕망을 마음껏 드러내고, 현실의 문제들을 신랄하게 비판하는 능동적인 시적 태도와 세계관을 보았으면 한다.

고래가 왔다

시와사상 서정시선 2

찍은날 | 2021년03월 22일
펴낸날 | 2021년03월 30일

지은이 | 감정말
발행인 | 김경수
주　간 | 박강우
부주간 | 김예강
편집장 | 이경욱
제작총괄 | 채수옥
디자인 | 김행선
펴낸곳 | 시와사상사
부산광역시 금정구 부곡동 325-36번지
전화 : 051-512-4142
팩스 : 051-581-4143
E-mail : sisasang94@naver.com
http://www.sisasang.co.kr

등록번호 | 제05-11-7호
등록일자 | 2005년 7월 18일

인쇄처 | 도서출판 세리윤

값 9,000원

ISBN 978-89-94203-32-4 04800
ISBN 978-89-94203-31-7 (세트)

한국예술인복지재단

• 본 도서는 2019년 한국예술인복지재단의 창작준비금지원으로 제작되었습니다.